plurais

ALICE YUMI SAKAI

plurais

1ª edição | São Paulo, 2022

LARANJA ● ORIGINAL

Plurais foi escrito entre os anos de 2017 e 2022. Compõe-se de poemas, pequenos contos e também de poemetos inspirados em haicais. Nomeado *Plurais* pela liberdade e diversidade de temas e por ser uma continuação do livro *Jardim de Plurais*, publicado pela Editora Laranja Original em 2017. Alguns dos poemas aqui presentes já foram publicados na Revista de Literatura da Laranja Original.

SUMÁRIO

poemas 11

abismo 13
bem-me-quer 14
um encontro de almas 15
e agora? 16
um mundo melhor 17
amor ao próximo? 18
espere 19
vai viver de mentira?! 20
eu posso 21
aborto 22
cuscuz 23
vida bandida 24
passarinho 25
amor rima com flor 26
regras 27
minha mãe 28
vai, vai, vai 29
o lado obscuro 30
migalhas 31
evoé 32
telhado de estrelas 33
mel 34
o mar 35
sol 37
psicodrama 38
vinte e dois 39
lulu 41
o excesso 42

eu tomo!...........43
sol, o seu humilde criado...........44
o voluntário...........45
ser humano...........46
anjos...........47
a arte e o ego...........48
coragem baby...........49
o deus da infância...........51
o sumo da soma...........52
ah, o amor!...........53
marré de si...........54
prece para as crianças...........55
p.a.s. (pessoas altamente sensíveis)...........56
satori...........57
álcool 70...........58
lua de nascer menina...........59
fé...........60
ilusion...........62
o menino...........63
bala perdida...........65
extremos...........66
lua vermelha...........67
as normais...........69
ainda bem que sou artista...........70
a batiam (a vózinha)...........71
sujeito oculto...........73
ampulheta...........74
noturno...........75
fernanda young r.i.p............76
o novo normal...........77
desire...........78
o grão de arroz...........79
as bruxas...........80

ben..81
humanidades..82
lua..83
prece..85
ah! manacá!..86
meu sol..87
todas as mulheres são deusas..88
amor bipolar..89
correr..90
amor aprendiz..91
vírus..92
o retrovisor..93
deus..94
ela..95
chama..96
quase um fado..97
o gari..98
aporofobia..99
um menino estranho..100
beija-flor voou..101
patrulha ideológica..102
poema amizade..103
contemplação..104
deus é aleatório?..105
velhos..106

pequenos contos..107

akai ito (linha vermelha)..109
o relógio..110
a história de m..112
o casal de velhinhos..113
a linguagem dos sinais..115

conto veneno 116
cigania 118
os dias são longos 119

haicais 121

I, II, III 123
IV, V, VI 124
VII, VIII, IX 125
X, XI, XII 126
XIII, XIV 127

poemas

abismo

Não quero olhar para você, como se olhasse para o abismo.
Mas, vou te dizer uma coisa:
todas as vezes que me atirei
eu caí, caí, caí.
Até que aprendi a bater as asas.
Hoje, eu sou um pássaro livre.

18/08/2017

bem-me-quer

Nem tudo são flores na Vida.
Mas, tem dias
que ela fica muito, muito mais colorida.
E você?
Já ganhou uma flor algum dia na Vida?
Eu ganhei uma e eternizei numa fotografia.
Fiz um *print* para guardar para sempre no meu jardim,
a doce memória desse dia especial.
Era uma flor singela em tempos raros,
na terra de corações de lata.

10/01/2017

um encontro de almas

Sabe o que é perder o chão?
Às vezes acontece, às vezes anoitece.
A alma sai do corpo.
Sai perdida a navegar sem destino, por oceanos obscuros.
Some, desaparece, até atracar numa ilha,
cercada de nada por todos os lados.

Mas, pior que sair sem destino,
é não saber mais voltar, é não ter para onde voltar,
sem nenhum abraço à vista.
E quando foi que perdeu aquele brilho em seu olhar?
Quando foi que roubaram as suas cores,
deixando tudo cinza desilusão?
Agora, somente esse olhar desfocado e vazio.
Pensando em tanta coisa,
que na soma é menos ainda.

Foi aí que você apareceu na história.
Trazendo a poesia que restaura,
com "Instruções Para Lavar A Alma".
Essa poção em palavras na medida exata,
é poesia e tem uma doçura que cura.
Eu acho que nos conhecemos na Idade Média.
Em muitas conversas ao redor de fogueiras.
Vivemos a poesia que nos traz,
o sorriso esquecido
e o brilho nos olhos de voltar a viver.
Só para nos fazer lembrar que
existem dias felizes,
mesmo quando anoitece.

e agora?

Faça sol ou chuva
ou me fazendo raiva:
eu sabia que você estaria ali, todos os dias.

Mas, e agora?!
Com sol ou sem sol,
com chuva ou sem chuva.
Agora, não faz a menor diferença...

O que fazia os meus dias mais bonitos,
não era o sol e nem era a chuva.
Era o seu sorriso, que eu encontrava no meu caminho,
todos os dias.

E agora?
...

21/08/2017

um mundo melhor

Gente metida a intelectual
que parece ter um rubi no umbigo.
Um seleto grupinho que implode ao invés de explodir.
Conhecimento é pra expandir, é pra ser compartilhado,
sem códigos ou senhas,
não pra levar para o túmulo.
Um mundo melhor!
É a gente que deixa mais bonito.

01/11/2017

amor ao próximo?

Quando uma pessoa vive no universo da mentira,
seus valores não são verdadeiros
e falar de amor é algo incoerente
pelo simples fato de estar distante de Deus,
porque Deus é o Amor.
Esquece o que é humildade, o que é respeito,
o que é ser grato.
Quando a pessoa está perdida
constrói um mundo de ilusões,
se ilude e ilude os outros.
E outros ainda se aproveitam desse momento,
para colocar em prática a vaidade
com a velha lábia dos oportunistas,
que na verdade não passa de uma alma pequena,
querendo ser maior do que é.
Mas, se perder pra um dia se encontrar faz parte,
cedo ou tarde vai acabar se encontrando.
E com certeza vai poder dizer de verdade
o significado da palavra amor,
Amor ao próximo.

espere

Se as coisas ruins que viveu
ainda te fazem sangrar,
não chore, deixe sangrar,
espere o tempo.
Deixe cicatrizar.

11/11/2017

vai viver de mentira?!

É que às vezes a boca fala.
E o corpo te desmente.
Tem coisas que, não é a razão
e um dia de tanto calar,
não dá mais pra segurar.
Explode coração,
todo cheio de razão.

E você vai fazer o quê?
Vai viver de mentira
ou vai viver de verdade?

17/12/2017

eu posso

Porque no fundo,
bem no fundo,
é falta de Amor Próprio.
Mas, viver implica em ir lá no fundo
e às vezes até no fundo do eu posso,
ou do poço.

18/12/2018

aborto

Virei uma árvore
com as raízes de
Procrastinação.
Os frutos,
não vingaram.

08/01/2018

cuscuz

Viver sem arriscar
com medo de ser feliz,
é um calundu sem ter vivido.
É autossabotagem,
ir vivendo um suposto fracasso
de neurose platônica.

Calundu (Angola/Brasil) – estado de ânimo caracterizado por mau humor e irritabilidade, e claramente manifestado pelo comportamento.

vida bandida

Eu acho que hoje
sou esperta.
No mundo passo rasteira,
dou nó em pingo d'água.

Mas, a vida já me sacaneou.
E o que ela me roubou
eu nunca vou ter de volta.

Perdeu, perdeu!

06/01/2018

passarinho

Viver pisando em ovos o tempo todo
é uma omelete.
Mas, todos os dias mesmo
é ovo frito.
Só que hoje,
eu queria ninho.

14/01/2018

amor rima com flor

Amor tem que rimar com flor,
rimar com sorriso.
Amor não dói,
não faz sofrer.
Amor que dói,
e que não rima com flor,
amigo, amiga,
não é amor.
É patologia.
Para alguns há cura,
para outros loucura.

18/01/2018

regras

Regras demais viram prisão.
Não seja prisioneiro de si mesmo.

Caia fora antes
que seja feita a sua hipnose.

Não tenha regras para poder
deitar no chão e olhar para o céu.

23/01/2018
15h48min

minha mãe

Quanto mais eu percebo a complexidade das pessoas,
mais admiro a simplicidade da minha mãe.
Com o seu olhar de felicidade a cuidar de suas plantinhas,
pisando na terra descalça.
E sem a preocupação de ficar cheia de dedos,
para circular no meio das pessoas.
A sua solidão tinha explicação,
era para preservar a sua natureza.

05/01/2018
22h13min

vai, vai, vai

Difícil mesmo quando
o Sonho cai do Céu e
vai, vai, vai, até o Chão.
Cruz Credo!
Quando acordou enlouqueceu,
viu que caiu na lábia,
no conto e no encanto
de um profissional da ilusão.
Tá carente?
Vê até Oásis no deserto.
Tá carente?
Apaixona-se até por um poste,
onde está escrito:
"Eu te amo".
Tá carente?
Come chocolate que passa!
Não passou?
Então, me procura!
Trago sua autoestima de volta,
com três tapas na cara.

20/02/2018

o lado obscuro

Paixão não tem endereço,
é igual um raio caindo.
Se for atingido
é cegueira na alma.
E se um dia voltar a enxergar,
verás que caminhou sem rumo,
pelas trilhas
na loucura febril,
trevas da ilusão.

24/02/2018

migalhas

Quando se começa
a aceitar migalhas,
começa uma transformação,
lenta e gradativa, dia após dia,
até um dia se tornar um mendigo.

Entregue a todos os tipos
de fundo de poço.
Querer sair, vai depender
do biscoito da sorte.

Suportar a abstinência
e as recaídas,
com muitos choques
de autoestima,
para conseguir ter
mais razão do que coração.

28/02/2018

evoé

A Arte não é apatia,
a Arte nunca será indiferente,
ou pulsa ou repulsa.
Não é morna,
nem insossa,
tem que ter tempero.
É acarajé quente,
é nua e crua.

Não me venha com
sua apatia,
ou pulsa ou repulsa.
Me tira do chão, porque
eu quero é voar.

Não me venha com essa falta de cor,
não me venha com essa falta de sabor,
não me venha com essa falta de tudo,
eu quero paixão,
eu quero vida,
Evoé!

11/03/2018

telhado de estrelas

A hora que o artista ficar cheio de regras,
ficar cheio de dedos e haja dedos!
Perder a rebeldia e
deixar de ser anarquista,
perdeu a missão para que veio,
perdeu o dom de ser livre.

Onde foi que se perdeu?
Onde foi que perdeu a sua essência?
Quando foi que deixou o seu telhado de estrelas?
E foi morar numa casa de alvenaria,
com esse teto de vidro!

Que a vaidade seja sempre menor
que o seu talento para a felicidade.

15/03/2018

mel

Nem é preciso te tocar com as mãos.
Não é preciso ver,
nasce simplesmente, feito um encanto.
E foi assim desde que chegaste ao mundo.
Para colorir as nossas vidas, com sorrisos.
E preencher vazios com felicidades.
Tinha que ter nome de flor,
na sua suave delicadeza.
Tinha que ser doce, porque é Mel.

E está tão longe,
do outro lado da terra,
onde o Sol nasce primeiro.
Mas, não é preciso te ver,
e nem é preciso te tocar com as mãos.
Pois, você nasceu e floresceu aqui,
dentro do nosso coração.
Em forma de uma linda flor.
Melissa, uma linda flor chamada
Amor.

Com carinho.

14/04/2017

o mar

O tempo não para, passa feroz.
Nem assim afoga um passado distante,
a história de um amor que vive tão presente.
Não morre na distância,
dói na ausência dos corpos que o mar
não devolveu para serem sepultados.

Existem fases, faces da lua, lua minguante,
nuvens escondem a luminosidade,
fase onde se fazem tristes poesias.
Aragem fria, arrepios de melancolia,
olhar perdido na escuridão sem sonhos
e o medo a assombrar a criança que somos.

E o que foi feito do sonho?!
Castelos de areia desfeitos na subida da maré.
Desfez o desejo.
Desfez o encanto.
Desfez o conto.
Desfez.

Mar...
O mar escolheu como mito e como morada.
Ondas trazem à tona fragmentos, desenham, contornam imagens,
personagens entre poesias escritas e em cartas descritas.
Reinado poético de uma história de amor que
às vezes de tão feliz foi crescente,
Noutras de tão triste foi minguante.

Rompeu um novo dia...
Nova fase, fase da lua, lua nova,
o sol trazendo claridade calor e cores.
Refazendo
o desejo.
O conto.
Os sonhos,
e os castelos de areias.

Mar...
E o mar guardião não devolve os corpos,
guarda a poesia
onde o amor,
em plenitude,
Vive...

sol

Nessa passagem só de ida,
sentimos muitas vezes solidão,
seria pior sem emoções.
Traços traçados,
achados do destino,
reconstroem os destroços das decepções...
Sobreviver aos desertos
do pessimismo, do niilismo,
só resgatando esperanças perdidas...
Só a beleza natural como o sol,
não constrange, contagia,
aquece a vida, toda a vida.
Todo o sentido em não desistir
e resistir aos medos,
viver a verdade das paixões e, sobretudo,
mais do que tudo, com amor.
Ou melhor, como um colo de mãe,
terno e eterno.

psicodrama

Em comum, artistas.
Um restaurando o "elo perdido".
E dois pincelando uma tonalidade nova,
vida.
Infinita procura que traz a harmonia,
cor.
Aos fragmentos da personalidade difusa,
um número inteiro forma.
Escultor do abstrato ser,
transforma em luz a sombra.
Arte é
saber o que é
um ser humano.

vinte e dois

Do nada não poderia ser,
porque nada é por acaso, penso.
Foi um caso, um fato, obra do destino,
duas vidas envolvendo várias outras.
Na arte do encontro entre a musa e o poeta,
um grande engano.
Poeta,
andarilho dos desertos,
nos extremos,
na solidão da liberdade,
no meio entre dois,
risos e lamentos,
viver é arte,
sempre nas asas do desejo.
Por você meu céu,
o norte do meu ser chegou ao sul.
Por você meu sol,
o norte do meu ser chegou ao leste.
Por você minha lua,
o norte do meu ser chegou ao oeste.
Por você meu norte, meu sul,
meu leste, meu oeste,
o meu ser encontrou no amor
todos os sentidos.
Viver é arte,
sempre nas asas do desejo.
Musa reticente, quase ausente,
quase indiferente, quase inexistente, quase.
E quase sem admitir,
sabe que deu vida, asas.

Fez-se presente pelas estações
nas fases e nas faces,
rainha de um reinado poético,
quase patético.
Un año de amor,
na vida de um ser,
de um ser poeta.
Viver é arte,
e sempre assim,
nas asas do desejo...

lulu

Quando eu olho pra você,
eu me lembro das cores,
das cores primárias:
Vermelho, Amarelo e Azul.
Do colorido de lápis de cor.
Mas, a cor que você mais gosta
é Rosa. E por que será que
a maioria das meninas gosta tanto,
da cor Rosa?
Porque tem magia,
tem a cor delicada da infância.
Sorriso dente de leite,
sorriso de janelinha!
Mas, o que eu sempre vou guardar
de você é um poema que você
escreveu dentro de um Coração.
Essa é uma sementinha
que eu joguei num JARDIM...
E foi assim que floresceu
uma linda
Poetinha,
do Sorriso de janelinha.

o excesso

Quanto mais intimidade existir
na soma dos anos:
cuida de mim!
O normal seria ficar mais próximo
do cuidado em cuidar e respeitar o outro.
Eu cuido de você!
Mas, o que se vê muitas vezes é a grosseria que
só faz magoar e afastar.
Cuida de mim!
O amor que existia, e que um dia foi doce
foi comprar cigarros e nunca mais voltou.
(Eu avisei).

eu tomo!

Eu tomo as dores, sim eu tomo um porre até,
e se for de indignação é dose dupla,
com gelo ou sem gelo.
Posso até ter overdose se a indignação for grande,
isso me dá náuseas e enjoos.
Tomo vários porres das dores
e faço das suas dores as minhas também.
Não pise, não maltrate,
porque eu tomo as dores, as mais sóbrias
da minha indignação.
Porque dói fundo na alma.
Não chute um cachorro, não maltrate um idoso,
não abuse de uma mulher,
não tire o leite de uma criança.
Não, minha amiga, não, meu amigo.
Eu tomo as dores!
Tomo suas dores mesmo que nem te conheça.
Eu tomo as dores porque engolir mesmo
eu não vou.
Se posso fazer um mundo
melhor eu vou tomar todas.

sol, o seu humilde criado

Quem vai se achando,
vai se achando.
Uma hora vai se perdendo,
vai se perdendo.
Até não se achar mais.
Chegou no topo, Amiga?
Chegou no topo, Amigo?
Mas não vejo mais nada,
não tem ninguém perto de você.
Só o seu solitário de brilhante
que nem brilha tanto assim,
e você menos ainda.
Não há brilho maior que o Sol
que na sua humildade
aquece de graça
e alegra nossos corações.
Namastê!

o voluntário

Ser voluntário é ser como um soldado,
é ser operário,
a função mais próxima da realidade.
Não é ser como general ou o patrão,
que fica atrás da mesa fazendo estratégias
para ganhar a guerra ou mais poder.
É fácil mandar o soldado pra guerra
e nem sentir o pavor do soldado diante da morte.
Ser voluntário é sofrer junto,
é lutar junto,
é ficar triste junto,
é ficar feliz junto.
É viver a realidade dos sentimentos,
da forma mais humana.
É ser irmão, na doença,
na fome, nas tragédias,
nas alegrias das vitórias,
dividir o pão juntos,
é somar a fé juntos.
Ser voluntário é se doar em humildade,
dividindo o melhor do ser humano que é o Amor.
Amor de verdade.

ser humano

Eu não consigo ser indiferente,
ser sem sal, coisa e tal.
A intensidade da cor está nas pinturas,
nas palavras e nas atitudes com todo sentimento,
em cada momento.
Cores fortes me fascinam.
Que seja o colorido do preto no branco.
Vibro porque a energia é luz de quem está vivo
e o sangue é vermelho vivo.
Vivo sem maquiar a alegria,
a tristeza ou a indignação.
Vivo sim, tipo assim sem filtro.
Usar filtro pra disfarçar o que não é de verdade?
Pra que se nem sempre é sinônimo de felicidade?
Mas hoje estou no meio do meu silêncio,
só com os meus pensamentos.
Só, e em silêncio...

anjos

Amigos são essenciais em qualquer fase da sua vida.
Mas eu queria falar dos amigos de momentos.
Daqueles quando às vezes você se encontra tão só e tão rendido.
Esses que te estendem as mãos e aquecem o seu coração,
solidários nas mesmas dores naquela hora mais solitária.
E vão embora sem mesmo sabermos os seus nomes.
Você deve se lembrar de algum.
Sabe de uma coisa?
São anjos que abrem as suas asas e nos confortam,
com uma atitude,
com uma palavra ou até mesmo com um olhar que você traduz:
"foi Deus quem me mandou."
Sabe de uma coisa?
Eu acredito em anjos.

a arte e o ego

A Arte tem código de Ética,
não é uma mercadoria,
ela não tem código de barras.
Entre a Arte e o Ego
há uma distância milimétrica.
No caminho eu explico.
A Arte e o Ego andam ali juntos,
lado à lado.
E o Ego não empobrece a Arte,
brilham juntos, se for de verdade.
E só morrem se for de mentira,
não se engane.
Pois Arte sem Alma
não toca outra Alma,
não há engano.
A Arte tem que ter Alma,
com Ego ou sem Ego.

coragem baby

Existe um tempo onde
pode faltar tudo,
menos Coragem!
Coragem de sacudir o mundo,
acreditar no impossível,
Coragem de sair sem rumo.
Uma Razão e um Coração
que bate forte, bastam!
Ter respostas para tudo,
a Coruja do saber na Alma.
E ninguém que diga o contrário.
E não existe nenhuma metáfora
para traduzir como é admirável essa fase.
E ela é muito visível na Juventude.
E que nunca mais será da mesma forma.
É muito lindo sentir
e mesmo que queime
essa chama é atraente.
É fascinação, VIVER.
Porque muitas vezes a maturidade
mascara a Covardia com Sabedoria.
Pessimismo com Sabedoria.
Freio demais faz uma Vida de Menos.
Quem não perde essa Coragem e
a leva na bagagem,
carrega a verdadeira Sabedoria.
Porque a vida é finda
e pode se acabar na próxima esquina.
A Vida não pode ser adiada.
E a Coragem,

é uma Fome,
e essa é uma fome que
eu sempre quero ter,
para não morrer de tédio ou de tudo.
Essa Fome é Viver.

o deus da infância

Existe um arco-íris que atravessa a infância.
Embora os adultos olhem para cenas
com tristeza.
Crianças não choram diante da pobreza
ou da miséria.
Há um céu Azul e um Sol que aquece
os dias.
Uma Lua que ilumina em noites escuras.
E as estrelas brilham! Brilham!
Elas só sabem brilhar!
E as Crianças,
brincam indiferentes no lixão,
com bonecas faltando pedaços.
Brincam, são alegres e felizes
como se a infância fosse um Paraíso
de uma magia eterna.
Sorrisos sob um manto de proteção
que só pode ser Divino.
É coisa de Mãe, é coisa do Pai.
É coisa de Deus!
Existe um Deus da Infância.

27/05/2018

o sumo da soma

Não vou descrever nada,
do sumo da soma se tudo que temos dividido,
porque é algo só meu e seu.
Mas algo sobre tudo isso eu posso dizer:
sabe, desde que te conheci,
encontrei o meu sorriso no seu olhar
e no meu olhar o seu sorriso.
Nos seus braços me encontro
e no meu abraço você adormece e sorri em Paz.
Quando acordo e te olho,
só sei dizer que o Amor existe,
e é por que você existe.

ah, o amor!

Amor tem que rimar com flor,
estava faltando um amor.
Amor de flor do campo
Amor tipo assim do Mato.
Amor assim lindo.
Tipo, tô chapada,
tipo Chapada dos Guimarães.

marré de si

Tem gente que é ruim,
ruim, ruim, de marré, marré de si.
De si, para si,
mas, principalmente
de si para os outros.
E acredita ser boa gente,
com tanta convicção.
Diz a lenda, não é bem lenda?
Que o sacerdócio
e a lição repetida diariamente
levam ao crescimento espiritual.
Será que um dia por tanto acreditar
ser boa, se tornará uma pessoa menos Ruim?
Será que evolui o quadro de patologia,
para uma hipnose de resultados?
Eu sou boa, eu sou boa, eu sou boa,
de marré de si.

14/09/2018
23h50min

prece para as crianças

E quantas Guerras virão ainda?
Quanta Miséria?
Quantos Abandonos?
Quantas Tragédias?
Quanta Violência?
Nessa história sem cores,
não chegaram aos 20 anos.
E as crianças, para sempre serão,
crianças.

14/05/2018

p.a.s. (pessoas altamente sensíveis)

Como é solitário ser profundo
nesse mar de gente
boiando na superficialidade.
Seria uma etiqueta emocional,
desse Novo Mundo Virtual?
Alguém compartilhou
isso do Google?
Sentimentos, tratados
como se fossem itens,
de supermercado.
Dez centavos a sacolinha,
vai querer quantas!?
Pois é:
foi de anestesia generalizada.

11/05/2018
1h13min

satori

Satori, meu Amor?
Fui eu na sua vida.
E você para mim?
Um tiro de sal grosso.
Foi essa a história
de um Coração
bem malpassado
sangrando.
Que ficou ferido,
sem nenhum Mantra de Luz.

Mas na minha dor eu aprendi
a ser mais alma e menos ego.
Que nesse caminho
de pessoas "erradas",
a mais errada não era você,
eu que preciso
me curar de mim...

álcool 70

Fama sobe à cabeça,
se beber
não dirija.
Dinheiro sobe à cabeça,
se beber,
não dirija.
Poder sobe à cabeça,
se beber,
não dirija.
Isso tudo
pode causar: ataques de hipocrisia.
Pode inflar o ego e se perder em marte ou em saturno,
ai perdeu os anéis, que porre!!
Portanto,
chame um Uber.
Só não sei se vai resolver.
Eis a questão!
Mas, se tiver muita bagagem,
opte pelo *select*.

lua de nascer menina

Tem coisas que o tempo
não apaga na memória da gente.
Dia de Sol,
dia de lua Nova,
Lua se nascer menina,
será?

Deu luz,
deu vida e nasceu uma menina,
menina bonita de gênio doce,
doce mas, não se engane,
é chocolate com pimenta.

Tem carinho que nasce do nada,
do nada não!
Não precisa ser de sangue,
quando nasce esse lugar bonito,
chamado coração.

Mãe de Coração, tum.
Vó de Coração, tum.
Pai de Coração, tum.
Irmão de Coração, tum.
Peço Felicidade pra você,
menina bonita!
Tum! Tum! Tum!

fé

Às vezes um pensamento
fica cutucando,
parece até uma fase fértil pra gerar,
talvez um poema, ou um texto.
É tanta coisa guardada na caixinha,
memórias que marcaram,
principalmente aquelas que
nos trazem questionamentos.
E uma delas era um texto onde ele falava sobre a fé.
Eu devia ter uns quinze, dezesseis anos.
Era sobre um menino que apreensivo,
voltava pra casa com o temor de que nada
houvesse acontecido de ruim
enquanto estava fora.
Tantos pensamentos, sobressaltos e medos.
Mas, ao chegar em casa, ufaa!!!!
Estava tudo em Paz.
Então isso era a fé.
É não ter controle sobre as coisas e acreditar,
que vai dar certo.
São incontáveis situações, todos os dias.
A fé é esse exercício diário de positivismo e de confiança.
Mas, a vida é isso,
saber que também existe o inevitável.
E quantas vezes Deus nos atendeu diante do improvável,
não é mesmo?!
Amanhã, você precisa de mim,
porque fica mais fácil não perder a fé.
Vivemos como se fossemos eternos,
mas não somos.

Eterno é o que vai ficar
na memória da humanidade.
Eterno é o que se repete todos os dias,
são dias de aprendizado,
para os dias mais fáceis,
para os dias difíceis.
É a oração que fazemos,
todos os dias da nossa vida,
porque viver é perigoso.
Do individual para o coletivo,
a fé na humanidade.
E em dias melhores.
Amém.

03/02/2020

ilusion

O fato de eu permanecer,
nunca dependeu do seu querer,
engano seu pensar
que tivesse esse poder.
Se fiquei foi porque eu quis,
e se fui embora, foi porque
acordei no meio de um sonho
que ficou indigesto.
A maior conquista da minha vida
foi a liberdade de ir e vir,
errou ao pensar que
eu estava nas suas mãos,
ou aos seus pés.
Mas, era simples,
você só precisava ser de verdade.
Porque a mentira não sobrevive
na minha Poesia.
As Deusas, nas minhas poesias
são de verdade.
Não são *fake news*.

o menino

E ninguém entendeu
aquele choro desesperado
que explodiu no meio daquela noite.
Não conseguia parar
e nem conter os soluços.
Um choro tão triste,
tão cheio de algo que
só ele sentia.
E parecia doer tanto.
Os olhares de compaixão,
o abraço pra acalmar,
as perguntas,
para tentar entender.
O porquê dessas suas lágrimas
de comover.
Era apenas um menino de oito anos.
Ele estava com uma mãe,
um pai e o irmão.
Mas que não eram seus.
Não era a sua mãe,
não era o seu pai,
e nem era o seu irmão.
E ele disse,
em meio as lágrimas:
"era saudade da mamãe."
Era saudade da mamãe.
Ela tinha partido,
foi trabalhar bem longe,
em busca de um futuro melhor,
para ele e para ela.

E o menino
recebeu um abraço
apertado e carinhoso.
E outras lágrimas
se juntaram as suas.

(Poema inspirado nas histórias dos *dekasséguis*, sacrifícios em busca de futuros melhores).

Decasségui é um termo formado pela união dos verbetes na língua japonesa *deru* — sair e *kasegui* — para trabalhar, ganhar dinheiro trabalhando. Tendo como significado literal "trabalhar distante de casa" e designando qualquer pessoa que deixa sua terra natal para trabalhar temporariamente em outra região ou país.

bala perdida

Enquanto lavava a louça,
o pensamento voava a rascunhar poesias.
Mas, na pressa foram ficando
poemas inacabados
E, nessa avalanche de
informações diárias,
tem coisas que passam,
mas tem coisas que marcam.
E quem iria saber?
Que na favela não se pode ter
nem o luxo de chorar seus
mortos ainda que inocentes.
Porque isso é um luxo que não faz parte daquele lugar.
A bala perdida que calou mais uma vida,
calou também a voz da moça triste
da reportagem da tv.
Porque sofrer é um luxo.
São muitos os poemas que ficam assim
inacabados.

21/08/2019

extremos

Para muitos,
a polarização
chegou ao último grau
do individualismo.
O extremo
do que existe de mais pobre
no ser humano.
O egoísmo,
a intolerância,
o discurso de ódio,
o desamor,
a mediocridade,
a insensibilidade.
Conseguir
chegar ao pó.
Cinzas,
sem nenhuma fênix
por perto.

23/05/2020

lua vermelha

Às vezes você olha pra tudo,
como se olhasse pro nada.
Porque vê tudo sempre cinza.
Mas, um dia tinha um pontinho
amarelo no meio do cinza.
Que no outro dia parecia
ter se transformado em vermelho.
E mesmo com todo o seu tédio,
ele passou a prestar atenção,
naquele pontinho
que mudava de cor.
Até que um dia ficou rosa choque.
Aquele pontinho na verdade
era uma Linda Mulher.
E a cada dia ela mostrava
um pouco do seu poder de sedução.
Até o dia que ele pôde vê-la, por inteiro.
Era inacreditavelmente linda, na sua nudez.
E foi por um breve instante apenas,
o suficiente pra cegá-lo eternamente.
E a última imagem que ficou,
registrado na sua memória,
foi dessa Deusa.
E esse foi o seu castigo:
paixão de enlouquecer.
Por ter sido tão indiferente,
por ter traído o seu Amor.
Por tê-la feito triste.
Ela tinha todas as cores da vida,
ela acreditava no Amor,

mas pelas traições se transformou em dor.
Ele nunca a viu chorar no lado
escuro da lua, onde ela se escondia.
Todas as noites de Lua Vermelha,
Era por causa das suas lágrimas
silenciosas e cheias de melancolia.
Diz a lenda que ela encontrou
um novo Amor.
Foi uma estrela que me contou.
Alguém que trouxe as suas
cores de volta.
Ela passou por uma grande
transformação, se tornou
muito maior
e melhor do que era antes.
Ela se transformou em uma mulher
muito mais interessante.
E descobriu que podia também
ser feliz sozinha.

as normais

Ela adora apanhar na cara
e moralmente está sempre roxa,
cheia de hematomas na alma.
"Nem todas as mulheres gostam de apanhar, só as normais".
Escreveu Nelson Rodrigues.
A mulher "normal" acha que apanha porque provoca ciúmes,
e ciúmes pra ela é amor.
Relacionamentos abusivos
transformam
humilhação em amor,
socos,
chutes,
infidelidade em amor.
Porque toda dor,
todo desamor,
pra ela é prazer (?)
Um masoquismo,
uma necessidade
de ser escrava sexual.
Mendigando carinho.
Onde um "eu te amo" se torna amor eterno.
E a única coisa que ela tinha era dinheiro.
E a única coisa que sobrou foi o dinheiro,
e aquele amor de motel de quinta categoria.
A vida dela era exaltar aquele amor,
gritava ao mundo, como era grande aquele amor,
era grande demais.
Mas era mesmo uma grande hipocrisia,
que todo mundo já sabia

ainda bem que sou artista

Ainda bem que sou artista.
Todo mundo deveria ser.
Viver uma vida burocrática,
cheia de regras,
falta oxigênio,
fica difícil respirar,
falta o ar.
Arte é vida,
imagine um mundo
sem a música,
sem os livros,
sem o cinema,
sem a dança,
sem Artes,
é quase a morte.
Arte é Vida,
a Arte é essencial
como o ar,
é a própria Liberdade.

02/06/2020
20h15min

a batiam (a vózinha)

E a Avozinha se refez mais uma vez,
diante daquele pequeno príncipe.
O Amor é oxigênio pra quem estava ficando quase sem vida.
E ela renasceu,
enchendo o peito de orgulho.
O seu rosto tão cansado
ficou novamente iluminado
com seu sorriso de felicidade.
A sua última missão
foi como o último oxigênio de vida,
correndo pelas veias cansadas.
Entre os extremos de uma vida começando,
e a sua chegando ao fim.
Se vive por Amor, e ela viveu.
O seu menino cresceu.
Seu menino quis partir, e partiu,
para o outro lado do mundo.
Para a terra do sol nascente,
para junto de sua Mãe.
Queria preencher uma ausência
que atravessou
toda a sua infância.
E a vida segue por vezes querendo ou não.
E quantas vidas se vive em uma vida?
Morrendo um pouco em cada despedida,
sem nunca saber se foi a última vez.
Os dias de repente ficaram tristes,
sem cor, sufocando o peito sem ar,
desde o dia que seu príncipe
foi atrás dos seu destino.

Se vive por Amor,
mas se morre de paixão.
E na dor insuportável
de um coração partido.
Aquela Avozinha se despediu da vida.
A sua missão fora cumprida.

(Poema inspirado nas histórias de *dekasséguis* entre reencontros, despedidas, risos, muitas lágrimas, recomeços, rompimentos, amores e sobretudo Esperanças).

sujeito oculto

Hoje eu sou sujeito,
hoje estou sujeito.
Aliás, eu sou
sujeito todos os dias.
Mas, hoje eu quero me perder,
ficar fora de mim,
dona das minhas vontades.
Só dos meus desejos.
Me deixa um pouco consciência!!

29/05/2020

ampulheta

Um dia numa roda de amigos,
ouvi um amigo refletir:
"quando se chega aos cinquenta,
você não sabe se vai viver mais trinta, vinte, dez, cinco,
ou mais um ano
ou se você vai morrer amanhã".
Foi assim tão realista que tomei um gole de café com susto.
Mas é fato.
Então, meu amigo, minha amiga, você que procrastinou a vida inteira,
chegou a um tempo que não dá mais para fazer tantos planos.
É viver e viver.
Esse é o castigo do tempo que foi adiado
ou por falta de tempo ou por falta de coragem.
Agora é viver melhor,
o tempo que te resta.

noturno
(carta para Fernanda Young)

E foi assim tão bruscamente que você foi embora, como doeu!
E ainda dói. Deixando tanto ainda por fazer.
Ninguém estava preparado para se despedir de você.
E eu que nem tive tempo de te conhecer,
mesmo te conhecendo tanto.
Essa admiração de anos,
por todo esse ser que você foi e é:
admirável, contemporânea, talentosa,
genial, uma mulher linda! Uma mulher solar.
Esse brilho jamais vai se apagar.
Brilhará!

22/07/2020
00h25min

(Fernanda!
Eu nunca cheguei a te ver de perto.
Mas, você faz parte da minha vida.
Como uma Poesia que sempre vou amar).

fernanda young r.i.p.
(carta para Fernanda Young II)

A gente nasce
com a centelha da eternidade,
só pensando em viver.
Vivemos todos os dias para existir,
cheios de planos, sonhos.
Tudo para não sermos esquecidos
e tentar perpetuar o efêmero.
Mas, quantas vezes de repente,
sem tempo pra processar,
aquele soco no estômago.
Um "como assim?" tão indigesto.
E o verbo que era presente,
não é mais.
E o sentimento que toma conta
é como de alguém que foi traído,
pela vida.
E a poesia tenta consolar
a sua ausência triste,
te transformando em
uma estrela no céu.
E se pra você ser eterno
teria que ser moderno,
para essa mulher que você foi,
mais que demais,
pra sempre será.
Uma história única e
cheia de vida,
com essa centelha de eternidade.

o novo normal

Toda repetição leva à hipnose.
A rotina é boa, mas robotiza.
A vida passa nesse círculo vicioso,
tente sair desse quadrado
antes que não consiga nem pensar.
Não tem tempo, tempo de respirar.
Sem tempo pra família,
pros filhos,
pros amigos.
Mas, a vida é isso, é trabalho, sobrevivência.
A pandemia foi um solavanco,
uma freada que paralisou o tempo
e a sua vida.
Baitas crises de abstinência da falta de rotina.
E agora!! Ai que saudade da rotina.
E as relações vão melhorar?
Quiçá! Isso só o tempo dirá.
Esse "novo normal" que viralizou.
E está na boca do povo,
na vida dos normais.

11/06/2020

desire

O coração e o desejo vivem em cumplicidade.
Quando o desejo aparece e o coração se incendeia,
não existem mais obstáculos intransponíveis.
O impossível se rompe em pedaços
e faz nascer uma nova história.
O medo não desaparece,
vai junto tentando deter, mas inutilmente.
E nunca mais serão os mesmos.
Caem muros,
abrem oceanos,
conceitos e preconceitos deixados para trás.
Mas tem um detalhe, repara:
é só para os quem tem coragem de viver,
ou adoecer de um mal, chamado
Desejo.

30/07/2020
18h26min

o grão de arroz

Às vezes nunca.
Mas, às vezes só se consegue ter sabedoria,
humildade, gratidão, depois de muito sofrimento.
Só quem passou muita, muita fome sabe
o valor que tem um grão de arroz.
Foi assim que compreendi a minha Batiam,
depois de conhecer a sua vida e a história de um grão de arroz.
Tem gente que nasce com essa luz, humilde, grata e sábia.
E veio a esse mundo para ser mestre.

Batiam — avózinha em japonês

as bruxas

Toda vez que eu começo do nada
a pensar em você,
não é coisa minha,
é coisa sua,
é você que está pensando em mim.
E o que quer de mim agora?
Se ontem te faltou coragem?
Já faz tempo
que você saiu do meu pensamento.
E agora, o que quer de mim?
Invadindo assim
os meus dias
e me seduzindo com a
sua ausência.
Eu senti sua falta sim,
se é isso que quer saber.
Sim e tem poderes sobre mim.
As bruxas realmente existem.

12/05/2020
00h28min

ben

Quando um menino de cinco anos
olha nos seus olhos e diz:
mamãe você tem que ser feliz!
Ele aprendeu, mesmo sem saber,
o resumo do significado da vida.
Não é sobre ter e sim sobre ser.
Perceber que ele gosta de ver o seu sorriso.
Porque sorrir é estar feliz!
Porque percebe que para ele
é muito melhor que estar triste.
Não pelo mal e sim pelo Ben.
O Ben tem uma vida para aprender, mas
ele sabe que ser feliz é o caminho,
do Amor verdadeiro.

02/11/2020
11h24min

humanidades

É justo a riqueza...
injusto é a miséria te jogando pra perto dos abismos.
Ser pobre é ter que ter pernas.
Asas pra correr em dobro.
Voar, voar, voar.
Ter sede de viver, dias mais bonitos.
Eu sei que *Notre Dame* precisa da humanidade.
Mas ame o próximo
quando a tragédia tirar o chão,
o teto e a vida do seu irmão.
Porque às vezes nem o sol
é capaz de trazer um sorriso de volta.

lua

Eu não consigo te ver vestida,
por trás dos véus
eu te procuro e não te vejo,
nunca mais te vi...
Se perdeu no meio de tantas caras
sem identidade,
em meio à multidão que
vive, às vezes
sem pensar em porquês?
Apenas correm, elas só sabem correr.
E eu só me pergunto cadê você?
Eu só consegui te enxergar
quando um dia apareceu nua.
Quis que eu te visse assim,
não tive como não perceber,
parecia o primeiro dia
de lua cheia subindo
ao anoitecer.
Que espetáculo!
E quis que eu te visse assim,
feita de Poesia.
Quanta coisa que ninguém sabe
de você, cheia de sonhos de todos
os tamanhos,
às vezes bobos,
desejos secretos,
ousados talvez.
E tantos medos também,
medo de quê?
Os dias, as semanas passam.

E você nunca mais apareceu,
fugiu de mim.
Por onde andará?
Onde é que você se escondeu,
meus dias de Poesia?!
Eu preciso muito de você.

prece

Uma prece,
por Justiça...
Só a Justiça comporta
a dor de quem ficou.
Só a Justiça,
para que a vida de quem se foi
não tenha sido em vão.
Justiça é a voz dos vivos
pelos que foram silenciados
covardemente.
Só mesmo a Justiça,
comporta a motivação
de quem ficou.
Justiça é o grito dos bons, é compaixão
por um mundo mais justo
e humano.
Justiça por Miguel
João Pedro,
George...

05/06/2020
14h35min

ah! manacá!

Quando passo por ela,
perco o meu olhar
numa hipnose
de extrema felicidade...
Foi assim desde a primeira vez.
Não! Não tem como
não cair em tentação!
Porque ela me fez esquecer
que nem fazia sol
naquele dia.
Ah! Manacá!!

meu sol

Existe muita vida nesse silêncio,
uma intensidade difícil de calar,
entendo a linguagem dos sinais.
Não precisa dizer o quanto sente,
porque eu sinto.
É uma história de um Amor
que nunca existiu igual.
Pleno, perfeito.
E completamente platônico.
Os dias podem ser cinzas,
mas os dias de sol
é só pensar em você.
E eu sou o girassol.

04/06/2020
14h47min

todas as mulheres são deusas

Não dá pra contar quantos olhares perdidos
foram atirados para essas Deusas instantâneas
que vivem circulando pelos quatro cantos desse país.
Andando de moto táxi, numa cidade do interior,
comendo acarajé em Salvador,
cruzando a avenida Paulista nas lotações superlotadas,
subindo e descendo as escadarias do metrô,
ou tomando banho de sol nas areias de Copacabana.
De norte a sul, de leste ao oeste desse lugar de tantos sotaques.
As Deusas deram um rolê fora do Olimpo
para encantar e fazerem esquecer a monotonia dos olhares apáticos,
sem brilho e nenhuma convicção.
Um dia conversei com uma pelo celular,
ela dentro de uma lotação,
incomodada com tantos olhares em cima dela.
Mas, porque te olham assim?!
Ela respondeu com desdém:
"acho que nunca viram uma Deusa".
Dei uma gargalhada!
A Deusa que caiu do Olimpo e foi parar dentro da lotação.
Ai como é lindo essa soberba!
Deusas são blindadas,
elas não se acham, elas são.
São lindas e empoderadas.
Essas Deusas não quiseram mais voltar pra casa,
se tornaram mulheres comuns.
Mulheres comuns, porém, nunca deixaram de ser Deusas na alma.
Todas as mulheres são Deusas!

25/07/2020

amor bipolar

Um amor
assim meio bipolar
Um dia sim! Um dia não sei!
Outro dia te odeio!
Outro dia nem te conheço!
Outro dia, talvez quem sabe?
Um amor todo bipolar!
Mas a gente se ama assim.
Hoje é para sempre.
Amanhã,
nunca existiu.
Tanta certeza e
de repente vai embora.
Noutro dia bate na porta!
Ninguém entende?!
Essa coisa de ir dormir de um jeito e
acordar em outro mundo.
Mas, em todos os mundos,
com amor ou desamor,
eu vejo uma linda poesia.
E mesmo de um jeito errado,
vejo você do meu lado!
Sempre,
sempre.

correr

Correr,
correr,
correr.
Quando a vida está um sufoco,
dá vontade de sair correndo.
Correr, correr, correr
até amanhecer,
correr até subir as montanhas, até anoitecer.
Correr na beira do mar até o pôr do sol.
Correr, correr até sair do chão e voar.
Voar até chegar perto das estrelas.
Correr, correr até libertar a sua mente.
Correr até voar e ser livre novamente.

amor aprendiz

Se doar a uma causa ou a alguém,
em tempos de individualidade,
parece até insensato.
Mas é o melhor do Amor em gesto.
E amar não exige nada em troca,
porque o Amor não vive de barganha.
Quem tem Amor já tem o melhor para doar,
e não serão migalhas.
O Amor é aprendizado da alma.
Dói, dói, dói...
O Bom Amor cresce e floresce
das dores que não são suas.

08/12/2020

vírus

Há quem nem ligue para si mesmo,
que dirá ligar para o outro!
Mas enquanto existir amor,
alguém há de cuidar,
alguém há de se preocupar.
Seja um médico, um enfermeiro,
um amigo ou amiga,
um pai ou mãe, um irmão, um filho,
até mesmo pela corrente de oração de um desconhecido.
Precisamos uns dos outros
mais do que imaginamos.
E a cura, acredito, está na humildade,
na gentileza, no cuidado em cuidar,
na atitude e sem questionar.
É amigo, está faltando Amor,
muito mais do que dinheiro...

17/12/2020
15h06min

o retrovisor

Ela passou a vida toda com o freio de mão puxado.
Quando olhou pelo retrovisor era tarde demais.
Só dava para sentir o cheiro de lona queimada,
não dava mais tempo,
para reescrever a sua história...

deus

Quando a gente se apaixona pela obra de um poeta
é por que nos identificamos e temos afinidades?
Ou será por que os opostos se atraem?
Tão passional de fazer inveja,
tão sensível que chega a doer.
Paixão é um sentimento,
que nos faz sentir tão cheios de vida.
Faz o coração bater com tanta força
que parece querer sair pela boca.
É assim que me senti
quando me deparei com os seus versos.
Senti a sua alma,
como se estivesse vivendo
as suas palavras.
E nunca mais me esqueci do seu nome.

(Poema em homenagem aos 70 anos do escritor Caio Fernando Abreu).

ela

O que eu sei sobre ela é que o código era 13 ou 31.
Algo entre Santos e um sotaque lindo de BH!
Mas e o seu segredo, qual seria?
Ah! Não interessa! O que interessa
é esse encanto de alguém que ama o céu,
o mar e uma taça de vindo pra acompanhar.
Tem mulher que vira ícone,
com um olhar de sedução,
capaz de ir despindo a sua imaginação,
até causar uma febre de mais de 40° graus,
delírios sem parar.
Furacão tem nome de mulher,
por que será?
E o sabor daquele vinho,
deve ser algo indescritível.
Summer wine.

chama

Tem encanto que dura apenas uma noite,
uma noite vazia, sem amanhã.
Era só fogo de palha.
Tô voltando pro seu mundo,
onde achei o que perdi,
respirei e me encontrei na poesia.
Voltei na ponta dos pés e me deitei,
antes do meu amor acordar.

quase um fado

Só sei que se eu ficar
olhando para o abismo
uma hora ele vai olhar de volta
para mim.
Mas não vou cair
nessa armadilha
só por que você quer.
Dei uma espiadinha
no futuro e pude
me arrepender a tempo,
antes do juízo fenecer.
O mundo, o mundo,
é muito mais
interessante,
mais do que você pode me oferecer.
Eu quero alguém
que não tire meu horizonte,
nem meu norte.
E nem tão pouco
vire má sorte,
de um fado triste.
A cigana leu o meu destino.

o gari

O Guru medita solo
em sua limpeza Espiritual.
Enquanto o Gari corre solo
na terapia de rua de faxinar o lixo humano.
A Terapia do Gari que faz bem a todas as classes.
O Guru do lixo humano.

aporofobia

Se veste de trapos,
é quase um nada,
mas sobrou o essencial,
restou o Amor.
Se veste de Amor
que muitos andam despidos.
Aporofobia?
É ódio do que não acham bonito
ser pobre, ser miserável.
Não! Não é bonito.
Mas, feio mesmo é ser miserável e vazio de amor ao próximo.
"Não dê esmolas, dê dignidade."
É a hipocrisia da sociedade.
Recolher os moradores de rua quando as visitas chegam,
levar para um canto qualquer "porque é feio".
Feio mesmo é essa hipocrisia dos governantes,
que vendem e propagam
aparências de um mundo perfeito.
Aporofobia é ódio aos pobres.
Discriminação.
Dignidade é respeitar o momento
que qualquer um pode passar também um dia.
E mesmo que não passe,
basta apenas ter empatia.
Basta apenas empatia.

um menino estranho

As primeiras letras e o primeiro livro
foram herança da vovó Luísa,
a melhor que ela poderia ter deixado.
Foi assim que Clarice foi apresentada
para aquele menino estranho.
"É bom ter a imagem do diferente."
E das coisas mais bonitas que ouvi sobre Clarice
foi essa declaração de Amor:
"Clarice me salvou e me salva todos os dias, da vida e da morte."
Salva da mediocridade,
da ditadura das coisas impostas.
Clarice foi cúmplice na sua falta de adaptação
a um mundo que não escolheu.
Desistir também passou pela mente dessa alma vagando perdida.
Negro, gay, amante das Artes, andando no meio fio da contramão.
Mas lá estava ela com todas as repostas, o salvando da morte.
"Que covardia desistir da própria vida!"
Entre um Deus que oprime
escolheu uma Deusa que acolhe e não censura.
Deusa Clarice Lispector,
deusa do Amor.
Amor da sua vida.
Que Mistério tem Clarice, Caetano?

beija-flor voou
(para Marília Mendonça)

Respiro fundo,
um suspiro profundo.
Não! Marília não!!
Tempo, por favor,
faz o relógio voltar.
Volta beija-flor!
Ai se pudesse,
queria mais o seu canto.
Ai se pudesse fazer
o tempo voltar.
Mas hoje o tempo
entristeceu.
Beija-flor voou...

06/11/2021

patrulha ideológica

Uma patrulha ideológica,
patética e insana em querer ditar
uma Ditadura para a Arte.
Ditadura nunca foi e nunca será argumento
para calar a Arte de quem quer que seja.
Prostituição de ideias mesmo
é querer ser gigolô de pensamentos.
Seria a nova modalidade nascendo na praça,
gigolô de pensamentos das artistas putas?!

poema amizade

Amizade é algo que só o tempo vai definir.
A amizade é um encontro de afinidades:
de admiração,
respeito,
reciprocidade.
Ela ri, chora, mas também sabe ouvir.
Está nos momentos mais felizes e nos mais tristes.
Ela está naquele abraço,
nas palavras onde se resume a confiança
daquele que te estende a mão.
Amizade é empatia, é esse bem querer praticado e compartilhado.
Amizade é sonhar, é chão.
Mas sobretudo é gratidão.
Amizade é algo que só o tempo vai definir sobre quem é você.

contemplação

A vida anda tão corrida.
Uma corrida Frenética,
o tempo anda tão reduzido,
embora o dia ainda comporte as 24 horas.
Ninguém nem percebeu onde foi parar a saudade,
ficou suprimida, espremida, encaixotada,
porque é um tempo muito grande
para ser perdido em contemplação!
Parar para olhar,
ainda é a cura de um tempo perverso.

deus é aleatório?

Eu ouvi um dia desses uma amiga questionar
que achava às vezes que Deus é aleatório,
por que tem gente com tanto e outros com tão pouco?
Tudo tão mal dividido nesse mundo.
Eu também fiquei nessas de aleatório,
olhando pra tanta desigualdade.
Mas pensando melhor, olhando pra minha vida,
acho que o Universo conspira
e que Deus não é aleatório.
Porque nos detalhes eu sei que ele me ouviu e me ouve sempre.
Mas, temos que fazer a nossa parte,
por nós e pelo próximo.

22/05/2022

velhos

Ficar velho é
quase ficar esquecido,
quase morrer esquecido.
Exceto pelo quase,
esse Amor que é uma resistência de quem ama.
Ontem era jovem, corria atrás dos sonhos,
um dia era muito curto.
Hoje amanheceu velho,
em algum banco ou numa cadeira sentado,
esperando o dia passar.
Os dias parecem uma eternidade,
mas os anos passam depressa.

04/02/2022

pequenos contos

akai ito (linha vermelha)

Eu fico imaginando um emaranhado de fios vermelhos. E das promessas de um destino.
E foi com a linha vermelha dessa lenda que eu quis tecer esses contos de amores.
Quem diria que sairiam do mesmo lugar para se encontrarem tão longe, muito além do Oceano Atlântico ou Pacífico.
Parece um impulso do universo que promove esses encontros, mas na verdade, são nascidos de um desejo de corações perdidos querendo achar um sentido pra suas vidas. Perdidos por terem esquecido as suas referências.
Foi assim que se identificaram um com o outro. Ela cuidou dele, ele cuidou dela e se preencheram nas ausências que sentiam.
Os frutos dessas histórias correm, brincam na inocência, felizes sem saber nada ainda, dessas histórias de amor.
Eles têm nomes doces como Mel, Airi, Nicholas, Luna, Akira, Emily, Ravi, Mayumi, Hideki, Akemi, Harumi, Kenji, William, Nayara, Davi, Cássio, Thaís, Danilo, Paulo, e tantos outros nomes escritos em Akai ito, a palavra "Ai" que é Amor.

01/02/2021

(*Akai Ito* ou "fio vermelho do destino" é uma lenda de origem chinesa e de acordo com o mito, no momento do nascimento, os deuses amarram uma corda vermelha invisível nos tornozelos daqueles que estão predestinados a tornarem-se "almas gêmeas". Deste modo, aconteça o que acontecer, passe o tempo que passar, as duas pessoas que estiverem interligadas, fatalmente irão se encontrar! "Um fio invisível conecta os que estão destinados a conhecer-se...Independentemente do tempo, lugar ou circunstância...O fio pode esticar ou emaranhar-se, mas nunca irá partir.").

o relógio

"Não sei como ela conseguiu carregar o relógio sozinha, dentro daquela sacola." Assim mamãe começou a contar essa história.

E não era perto, morava em outra cidade. Era um relógio grande e meio pesado. Um relógio de carrilhão, não sei se é suíço, toca seus ding dongs de hora em hora, mas pode ser silenciado também. Eu fico impressionada com o funcionamento, é algo realmente impressionante a engrenagem. Como é que os homens têm essa capacidade de criar e pôr em prática essas invenções?

Um instrumento que pode medir o tempo, isso é inacreditável.

E ela trouxe esse relógio pra vender. A situação estava difícil pra sua família. "Fica com ele paga como puder por favor!" Na verdade, nem estávamos precisando de um relógio, não era tão boa a situação. Porém, foi para ajudar que esse relógio veio parar em casa. As famílias sempre fazem sacrifícios querendo ajudar de alguma forma.

Fazia mais de 25 anos que as irmãs haviam perdido o contato. Uma rachadura foi criada e a distância foi o remédio pra uma doença chamada ignorância.

A irmã mais nova às vezes ia visitar a irmã mais velha e sempre levava uns agradinhos para os sobrinhos. O que podia, com o carinho e dentro de suas pequenas possibilidades. Mas o seu cunhado sempre dava suas alfinetadas de mediocridade. E numa dessas vezes foi a gota d'agua, fazendo desfeita com as coisas que ela havia levado com carinho aos sobrinhos. "Os meus filhos não comem esses doces baratos." Isso doeu e doeu muito, doeu tanto que ela resolveu que não ia mais passar por isso, não iria mais voltar e não voltou.

Foram mais de 25 anos por causa da ignorância de alguém. E agora a vida tinha dado voltas e a situação havia mudado. Mas a sua irmã mais velha nunca soube do real motivo de seu afastamento. A mais nova nunca lhe contou e nunca vai contar, ela não queria criar uma desavença familiar e achou melhor se calar, porque era o marido da sua irmã. Minha mãe sempre foi assim, preferia simplesmente não falar nada e se afastar. Inclusive ela sempre fazia citações de uns ditados e um desses era que "não se mata de tiro ou facada, morre dentro do coração". E ela realmente levava a sério, tinha orgulho o suficiente pra se respeitar.

25 anos se passaram, tantas coisas aconteceram, irmã mais velha sofreu duros golpes, o pior deles foi o suicídio de um filho. A sua irmã poderia estar ao seu lado, mas não estava. Não estava para desabafar e dividir a sua dor, as suas tristezas, e poderiam ter usufruído muitos momentos de alegria que foram retirados delas. Risos e lágrimas ficaram suspensos, presos nesse intervalo.

Ele, o cunhado, sabia o mal que causou, mas também nunca se retratou. Já não tinha mais aquela arrogância, parecia sim desconcertado pela situação em que se encontrava. E sabe se lá se não fosse por isso, se não continuaria ainda com aquela mesma falta de humildade.

As irmãs, por sorte, tiveram tempo de resgatar o que foi tirado delas. Essas máculas que causam tantos afastamentos.

O Relógio é o símbolo desse tempo sombrio. Mas foi dada uma nova chance para o Amor que sempre existiu entre elas.

Já se passaram mais de 30 anos que esse relógio veio parar lá em casa.

E eu nunca saberia dessa história que havia nas entrelinhas dos tique-taques se um dia mamãe não tivesse compartilhado comigo. O seu silêncio às vezes era rompido com histórias como essas.

E toda vez que olho para o Relógio eu viajo pelo tempo.

a história de m

Pendurado no tempo,
pendurado em algum tempo perdido. Nas mãos de alguém que nunca nem segurou nas suas mãos. Nas mãos de alguém que nem sabe da sua existência. Que segue alheio sem saber desse amor puro e intacto, cultuado através dos anos, atravessando os desertos sem flores e uma primavera que jamais chegará.
Que loucura é essa de ficar preso nas teias de um sentimento que nasceu, como as nuvens no céu? E formou corações só na sua imaginação.
Nasceu no encontro de um olhar. Teria acontecido mesmo, olhos nos olhos? Não sabe mais e nem tem mais certeza de nada, nem sabe dizer se existiu e que foi correspondido.
Mas, cuidou desse amor. E dele vive, esse amor totalmente desenganado.
São Paulo, ano de 2021, 22 horas e 25 minutos. Ali está ele andando pelas ruas, meio sem rumo. O seu olhar distraído é roubado pelas luzes coloridas de um Cinema que já não tem quase plateia.
No filme em cartaz estava escrito O Coração esperançoso realiza qualquer desejo. Por um segundo, o seu olhar triste se encheu com um brilho de felicidade.
20 anos se passaram.
Mais um ano se passou, desde aquele dia que o seu coração disparou e nunca mais foi o mesmo.
Seu Amor Solo que insiste, e acredita nem sabe mais em quê.
Não parou pra ver o filme.
Seus passos continuaram e seu olhar abstraído, pensando naquela rua onde mora o seu amor.

o casal de velhinhos

Todos olhavam para eles com aquele olhar de piedade. Era um casal de velhinhos que vivia de capinar os quintais dos moradores, daquela cidadezinha perdida no mundo. Trabalhavam assim pra sobreviver, para ter o que comer. Mas por trás daquela imagem existia uma história, um drama. E eu perguntei curiosa, eu que sempre adorei ouvir histórias, principalmente dos mais velhos.
Era um casal rico e tinham apenas um filho, eram donos de fazenda. Tinham uma vida tranquila e nada faltava. Viviam numa fazenda com o filho. Que foi crescendo naquele clima de Paz e harmonia. Era um rapaz exemplar, que amava e respeitava os seus pais e fazia o que podia pra retribuir a esse amor. Era uma família harmoniosa e feliz.
Um dia se enamorou de uma bela moça. E ela sempre atenciosa com os pais dele logo conquistou também confiança. E assim foram passando os dias até marcarem o noivado e consequentemente chegaram ao casamento. Foi um casamento bonito, festejado por aquela família. E principalmente pelo filho que estava realizado por ter encontrado a mulher de sua vida. E os pais se sentiam também felizes por verem a felicidade daquele único herdeiro. Se ele estava feliz, eles também estavam.
E como era filho único, os pais resolveram passar todos os bens, sem questionarem absolutamente nada. E assim o tempo correu na rotina diária.
Até que um dia um terrível acidente na rodovia. Chovia forte, o carro capotou algumas vezes. Tamanha gravidade do acidente acabou tirando a vida do rapaz.
Ele estava voltando de outra cidade sozinho. Enfim, a notícia devastou a vida daqueles pais.
E a partir dali iriam viver uma outra tragédia. A nora que até o momento era gentil e amorosa com eles, mostrou a verdadeira face e como realmente era. Como os pais haviam passado para o filho todos os bens, com a morte dele, ela acabou herdando tudo.
E sem nenhum pingo de dó colocou os velhos na rua friamente, sem se

importar com qualquer sentimento de respeito, de piedade ou gratidão. Era apenas por interesse que havia se casado porque apesar de bonita, vivia uma vida de miséria. Sua beleza serviria pra alguma coisa.
Odiava aquele sacrifício que cumpriu com tanta maestria. Mas acabou e não queria nada que a fizesse se lembrar desse tempo.
E foi assim que eles acabaram, e vivendo de capinar os quintais do bairro. E um amigo acolheu o casal deixando morarem como caseiros. Eles têm olhares muito tristes, não por terem perdido todos os bens, mas por terem perdido o amor de suas vidas.
A fé na humanidade a cada dia se torna mais difícil. Enquanto isso o dia anoitece naquela cidadezinha, o cheiro das panelas no fogo. A lua cheia sobe rapidamente. Nessa noite não consegui dormir pensando naquele casal de velhinhos. O que teria acontecido com eles? Tantos anos que já se passaram e eles com certeza já morreram. E também com eles, essa história que poucos ficaram sabendo. E aquela nora o que teria acontecido? Será mesmo que existe a lei do retorno?
Ah! Se eu pudesse reescrever as histórias...

a linguagem dos sinais

A linguagem dos sinais às vezes não é inteligível.
Tão igual quanto se apaixonar pela moça do outdoor, ela te olhando sedutora, entrando na sua mente sorrateiramente e abstratamente a roubar o seu coração. E te deixar ficar feito um girassol apaixonado pelo sol, amor de um romantismo, regado de uma beleza sublime. Mas, repara, é só loucura. É coisa de mitologia bem dos gregos.
E foi aquele sorriso que fisgou o seu olhar e te fez se declarar assim: que sorriso lindo! Pedia em casamento! Ê cantada barata! Que renderam os dias de pandemia, "são dois pra lá, dois pra cá", me fez lembrar esse bolero. Ela tão lá, e você tão cá, só no celular.
Aí no meio da tarde todo inspirado você perguntava a ela: "você está feliz?". E ela responde num áudio, "sim eu estou!". Então, eu mudei faz pouco tempo pra um apartamento, o guarda-roupas não coube! Mas consegui trocar com uma amiga por um menor. Saí perdendo, mas tudo bem.
É meu amigo, o importante é estar feliz.
São dois pra lá, dois pra cá.
Mas, que o amor existe, ah, existe!

30/06/2020
(escrevendo na madrugada, às duas e tantas).

conto veneno

Nada foi por acaso,
quando a máscara caiu
e você descobriu de onde vinha aquela energia negativa, vingativa,
que te dava arrepios
e você não entendia.
Quem é que estava te sabotando, destruindo laços...
Quem realmente estava por trás daquela máscara, a verdadeira bruxa cheia de falsidade, a serpente sem luz. Era alguém acima de qualquer suspeita.
Que pelo prazer destilava álcool e veneno, isso dava um brilho nos olhos.
E foi pelo próprio veneno que morreu fulminada diante dos seus olhos.
Caiu na própria armadilha, vitimada pela tecnologia.
Todos os argumentos caíram por terra, quando mandou os áudios pra pessoa errada.
Mas você foi a pessoa certa que recebeu e se estarreceu, ficou chocada.
Jamais poderia imaginar o tamanho da decepção!
Falando de você com ironia e deboche com maldade e ódio. Era doentio, uma patologia, não, não era normal. Aquela risada sarcástica ecoa até hoje. Hahahaha! Hahahaha
E foi assim que junto com ela também morreram a confiança, a admiração e o respeito.
Foi Deus que abriu os seus olhos, só podia. Jamais poderia acreditar se não tivesse sido de outra forma, nasceu na hora uma indignação gigantesca. Morreu!
Então, tudo nela era falso e manipulado, tudo que fazia era manipulado.
Era uma falsa bondade, ostentava tanta bondade. Jamais iria ser descoberta, por anos e anos quiçá a vida inteira. E não seria, mas foi.
Muito cuidado com ela. Ela vive, nasce e renasce, rasteja no meio da humanidade há milhares de anos.
E o nome da infeliz? É a infeliz da Dona Inveja. Que adoece todas as vezes que alguém está feliz.

Vive sabotando, denegrindo, difamando, tirando palavras da sua boca, distorcendo, destruindo, querendo roubar o brilho que é só seu.
(Existe tratamento, cura? Um remédio pra essa doença, sim umas delas é a sua vida ser mais interessante do que a dos outros).

cigania

Aos 20 a cigana leu seu destino e sentenciou: "Vai encontrar uma pessoa especial." Ficou esperando. Aos 30 a cartomante disse "As cartas não mentem. Vai aparecer o Amor da sua vida." Se apareceu não conseguiu identificar. Aos 40 foi pelas linhas das mãos, estava escrito olha aqui disse outra Cigana. E ela, "onde? onde?" Não conseguiu entender o que estava escrito. Acho que estava em mandarim.
Insistiu na cigana aos 50 que, ainda via aquela pessoa perfeita. Se não aparecer aos 60 tenho a certeza que ela vai estar em outra vida. Ou deveria talvez esperar até os 70?! Mas aos 80 talvez nem se lembre do seu nome mais, continuará esperando naquela mesma janela.
Mas esta não é sobre uma história triste de desilusão.
Porque ela soube viver bem os intervalos e isso ficou nas entrelinhas, do seu sorriso.

os dias são longos

Embora seja um ciclo demorado, ao mesmo tempo parece passar tão rapidamente. E isso só me fez lembrar da voz da Dona Nenê me dizendo há anos atrás "Os dias são longos, mas os anos passam depressa." Dona Nenê já era idosa e dava aulas de piano e também ativa e muito sábia.
Com a velhice é natural ficar esquecido e também cair no esquecimento, como se tivesse perdido o prazo de validade, vencido o green card da vida. Os dias ficaram longos, solitários e fartos de tantas lembranças.
A vida é finda, mas conseguir roubar um sorriso de alguém que está triste não é crime, disse o amor perfeito.
Mas, flor não fala, só exala.
Foi o vento que trouxe o cheiro de um perfume floral e doce de um passado adormecido. A memória tem essa incrível capacidade de arquivar momentos com imensa delicadeza e trazer à tona histórias aleatórias.
A essência do perfume das flores.

02/07/2022

haicais

I
Nada resiste
à essência das estações
é primavera

　　　　　　　　　　　　　　　　II
　　　　　　　　　　　　　A vida é flor
　　　　　　　　　que dura o tempo certo
　　　　　　　　　　　nem mais, nem menos

III
Se for pra viver
seja pra deixar seu nome
na árvore da vida

IV
O dia está cinza
mas duas rosas plenas
brilham como o sol

V
Os pássaros voam
a liberdade está no ar
a Vida é flutuar

VI
O inverno é cinza
mas tem os seus dias de sol
e são felizes

VII
As Rosas perfumam
todas as estações além
da primavera

                                              VIII
                                A lua é de quem?
                        Ela não é de mais ninguém,
                                  além das estrelas

IX
A Lua sempre é
a causa dos meus surtos
noites em rimas

X
Flor de girassol
ela mesmo triste sorriu
num dia frio sem sol

XI
Trovões assustam
relâmpagos cortam o céu
chuva de ventos

XII
A noite passou
todas as horas com chuva
o relógio contou

XIII
É primavera
mas hoje é dia dos mortos
a vida tá *off*

XIV
Os crisântemos
são raios de luz do sol
no Japão da Paz

© 2022 Alice Yumi Sakai
Todos os direitos desta edição reservados à Laranja Original

www.laranjaoriginal.com.br

Edição
Clara Baccarin
Projeto gráfico
Iris Gonçalves
Produção executiva
Bruna Lima
Foto da autora
Patricia Espinoza

Laranja Original Editora e Produtora Eireli
Rua Capote Valente, 1198
05409-003 São Paulo - SP
Tel: (11) 3062-3040
contato@laranjaoriginal.com.br